INGLÉS con La Cenicienta

Diseño y Producción:
Slangman Kids
(Miembro de Slangman Inc. y de Publicaciones Slangman)

Editor: Julie Bobrick
Ilustraciones: "Migs!" Sandoval
Traducción: Marcela Redoles
Corrección: Geo Orellana

Marca Registrada © 2006 de David Burke.

Publicado por Slangman Kids *(Miembro de Slangman Inc. y de Publicaciones Slangman)* 12206 Hillslope Street, Studio City, CA 91604 •EEUU • Dentro de los Estados Unidos llame gratis al 1-877-SLANGMAN (1-877-752-6462) • Desde afera de los Estados Unidos llame al 1-818-SLANGMAN (1-818-752-6462) • Fax Internacional 1-413-647-1589 • Correo electrónico: info@slangman.com • Website: www.slangman.com

"Migs!" Sandoval
✳ Nuestro dibujante ✳

Miguel "Migs!" Sandoval ha dibujado cómics desde la edad de seis años. Miguel ha trabajado como escultor, dibujante y constructor de modelos en numerosos comerciales y películas nacionales. Nació en Los Angeles y creció en un hogar bilingüe, hablando español e inglés. Actualmente vive en San Francisco, y se encuentra trabajando en una nueva colección de libros de cómics.

ISBN10: 1891888-951
ISBN13: 978189888-953
Impreso en los E.E.U.U.

10 9 8 7 6 5 4 3 2 1

SOLICITUD DE COMPRA

Exhibición de capítulos y tienda en línea.

www.slangman.com

Enviar a la dirección: _____

_____

_____

Contactar a: (Sr./Sra.) _____

Teléfono/Correo electrónico: _____

Tipo de envios

Ofrecemos dos diferentes tipos de envio. Seleccione el más conveniente para usted y anote su valor a la cuenta total.

Ordenes dentro del país

CORREO ORDINARIO
(Tiempo de entrega: 5-7 días hábiles).
$5 por envio y entrega del primer artículo, $1.50 por cada artículo extra.

SERVICIO EXPRESO
Disponible por un precio adicional. Comuníquese con nosotros para mayor información.

Ordenes internacionales

CORREO ORDINARIO
(Tiempo de entrega aproximado: 6-8 semanas).
US$6 por envio y entrega del primer artículo, US$2 por cada artículo extra. Considere que el envio a algunos países podría ser más caro de lo señalado. Comuníquese con nosotros para mayor información.

CORREO AEREO
(Tiempo de entrega: 3-5 días hábiles)
Disponible por un precio adicional. Comuníquese con nosotros para mayor información.

Forma de pago (Seleccione una):

☐ Cheque personal u orden de pago
(Debe venir en fondos estadounidenses y pagables a un banco estadounidense)

☐ VISA ☐ Master Card ☐ Discover ☐ American Express

Número de tarjete de crédito

_____ ☐☐☐ ☐

Firma　　　　　　Fecha de vencimiento

CANTIDAD	ISBN-13	TITULO	PRECIO	NIVEL	PR TO
Inglés al CHINO (Mandarín)					
	9781891888-793	La Cenicienta	$14.95	1	
	9781891888-854	Ricitos de Oro	$14.95	2	
	9781891888-915	La Bella y la Bestia	$14.95	3	
Inglés al FRANCÉS					
	9781891888-755	La Cenicienta	$14.95	1	
	9781891888-816	Ricitos de Oro	$14.95	2	
	9781891888-878	La Bella y la Bestia	$14.95	3	
Inglés al ALEMÁN					
	9781891888-762	La Cenicienta	$14.95	1	
	9781891888-830	Ricitos de Oro	$14.95	2	
	9781891888-885	La Bella y la Bestia	$14.95	3	
Inglés al HEBREO					
	9781891888-922	La Cenicienta	$14.95	1	
	9781891888-939	Ricitos de Oro	$14.95	2	
	9781891888-946	La Bella y la Bestia	$14.95	3	
Inglés al ITALIANO					
	9781891888-779	La Cenicienta	$14.95	1	
	9781891888-823	Ricitos de Oro	$14.95	2	
	9781891888-892	La Bella y la Bestia	$14.95	3	
Inglés al JAPONÉS					
	9781891888-786	La Cenicienta	$14.95	1	
	9781891888-847	Ricitos de Oro	$14.95	2	
	9781891888-908	La Bella y la Bestia	$14.95	3	
Inglés al ESPAÑOL					
	9781891888-748	La Cenicienta	$14.95	1	
	9781891888-809	Ricitos de Oro	$14.95	2	
	9781891888-861	La Bella y la Bestia	$14.95	3	
Japonés al INGLÉS 絵本で えいご を学ぼう					
	9781891888-038	La Cenicienta	$14.95	1	
	9781891888-045	Ricitos de Oro	$14.95	2	
	9781891888-052	La Bella y la Bestia	$14.95	3	
Coreano al INGLÉS 동화를 통한 ENGLISH 배우기					
	9781891888-076	La Cenicienta	$14.95	1	
	9781891888-106	Ricitos de Oro	$14.95	2	
	9781891888-113	La Bella y la Bestia	$14.95	3	
Español al INGLÉS Aprende INGLÉS con cuentos de hadas					
	9781891888-953	La Cenicienta	$14.95	1	
	9781891888-960	Ricitos de Oro	$14.95	2	
	9781891888-977	La Bella y la Bestia	$14.95	3	

Total por la mercancía

Impuesto *(Sólo para los residentes de California)*

Valor de envio *(Vea información al lado)*

TOTAL FINAL

Los precios pueden variar sin previo aviso

SLANGMAN® PARA NIÑOS

(Miembro de Publicaciones Slangman)

** PARA ORDENAR POR TELEFONO, FAX o CORREO ELECTRONICO : **

Teléfono: 1-818-752-6462 • Fax: 1-413-647-1589
Correo electrónico: info@slangman.com • Página Web: www.slangman.com
12206 Hillslope Street • Studio City, CA 91604

(SOLICITUD

Dedicatoria

La entera colección de "Lenguas extranjeras a través de cuentos infantiles," está dedicada a todos los niños del mundo, con la total convicción de que a través de su comprensibilidad, estimulación y celebración de nuestras diferencias culturales el mundo será un lugar mejor y más seguro para todos.

1

girl ←

pretty ←

abía una vez, una (muchacha)

muy (bonita) que se llamaba Cenicienta.

La **pretty girl** vivía en una

house ←

(casa) pequeña con su madrastra y

dos hermanastras. Era muy difícil para la **pretty girl** vivir en una **house** tan pequeña con su madrastra y sus hermanastras. ¿Por qué? Porque ellas

3

mean ←

estaban celosas de que Cenicienta fuera
tan **pretty**, y por eso su madrastra era
super mala con ella. Pero la **pretty**
girl nunca se quejaba de vivir en una

 pequeña con su **mean** madrastra y sus **mean** hermanastras, a pesar de que la obligaban a hacer todos los quehaceres de toda la **house**, ¡día tras día!

Invitación Real

¿Quién?: El Rey

¿Qué?: Un Baile Real

¿Dónde?: En El Castillo

¿Cuándo?: Este Sábado

¿Por qué?: Buscamos una esposa para el príncipe

Estacinamiento cortesia del palacio

Un día, una inviatación real llegó a la **house** de la **pretty girl**. El rey daba una (fiesta) para el príncipe. La **party** iba a ser en (grande).

party ←

big ←

¡Una **big party**! El príncipe era
muy guapo, y en esta **big party** el
handsome príncipe esperaba encontrar
a la **pretty** esposa que buscaba.

handsome

wife

prince ←

El rey y la reina también esperaban que en la **big party** el **handsome** (príncipe) pudiera encontrar una **pretty wife**, pues ellos querían que el **handsome prince** fuera felíz

8

Llegó la noche de la **big party** en honor

al **handsome prince**, pero Cenicienta

estaba (triste), pues su **mean** madrastra,

no la dejaría salir de la **house**!

sad

La **sad** Cenicienta tenía que quedarse en la **house**, sin tener la oportunidad de conocer al **handsome prince** en la **big party**, y de llegar a ser su **wife**.

Entonces, escuchó una voz que decía, "Querida, yo soy tu hada madrina y tú vas a poder ir a la **big party**, ¡y vas a llevar un **pretty** vestido!"

dress

11

thank you

Y al movimiento de su varita mágica, hizo
que Cenicienta vistiera un **pretty dress**
hecho de la seda más fina. "¡Oh, gracias!
¡**Thank you**!" exclamó Cenicienta. Ella

...a ahora una **pretty girl** en un **pretty dress**, ...nsiosa de irse de la **house** para conocer al ...**andsome prince** en la **big party**, con la ...peranza de llegar a ser su **wife**!

13

moment →

"¡Un momento!" agregó el hada madrina.
"¡Asegúrate de abandonar la **big party**

midnight →

a la medianoche, o tu **pretty dress**
volverá a ser el que era antes!"

Cenicienta reflexionó por un **moment** y luego dijo, "Me voy a acordar de dejar la **big party** antes de la **midnight**". Y de esta manera, la **pretty girl** partió para la **big party**. Ella

happy ←

ya no estaba **sad**, estaba ⟮felíz⟯ porque iba a
conocer al **handsome prince**. ¡Tan pronto
como salió de su carruaje, ella pudo escucha
la **big party**! Cenicienta entró y no estuvo

16

muy **happy** de ver a más de una **pretty girl**
esperando para conocer al **handsome**
prince. Pero después de un **moment** para
calmarse, estuvo lista para presentarse ante el

17

handsome prince cara a cara. Y, ¡qué **handsome** era! ¡Ella no podía creer lo que veían sus ojos! Y estaba claro que el

in love ← **handsome prince** se había ⟨enamorado⟩

18

de la **pretty girl** desde el primer **moment** en que la vio. "**Thank you** por invitarme", dijo Cenicienta. "De nada", respondió el **handsome prince**. "¡De nada!"

You're welcome

Bailaron y bailaron por horas, hasta que les dio la **midnight**, de lo cual, ¡la **pretty girl** se había olvidado completamente! ¡Bam! ¡Su **pretty dress** desapareció!

20

"¡ Adiós !" Le gritó Cenicienta. "**Goodbye**
thank you por invitarme!" "**You're**
welcome" respondió el **handsome prince**.
Cenicienta corrió de vuelta a su **house**.

Goodbye

21

shoe

Lo único que dejó atrás fue un zapato de cristal. El **handsome prince** se puso terriblemente **sad** y fue de **house** en **house** buscando a la **pretty girl** cuyo

foot

pie calzara el **shoe** de cristal. Después de

varios días de eliminar a una **pretty girl** tras

otra **pretty girl**, el **handsome prince** se

puso más **sad** que nunca, pero él tenía una

house más que visitar. La **mean** madrastra y las **mean** hermanastras salieron corriendo para probarse el **shoe** de cristal, pero fue inútil. El aún no podía encontrar el **foot** que

pudiera calzarlo. El **handsome prince** estaba **sad** y a punto de darse por vencido, pero a último **moment**, él miro a Cenicienta. Había algo de especial en ella.

El **handsome prince** tenía que ver si su **foot** era el que podía calzar el **shoe** de cristal. El se hincó frente a ella y le puso el **shoe** en su **foot**.

¡Y su **foot** calzó el **shoe** de cristal
perfectamente! En ese mismo **moment**,
el hada madrina reapareció y la
cambió a la misma **pretty girl** en el

pretty dress con el que ella había conocido al **handsome prince** en su **big party**. ¡Ahora él estaba más **in love** que nunca! Al poco tiempo, Cenicienta se transformó en

28

la **wife** del **handsome prince**, ¡y todo porque la **pretty girl** salió de su **house** para ir a una **big party** en donde perdió su **shoe** de cristal! Cenicienta estaba

muy **happy**. Ella nunca estaría **sad** otra vez. Y el **handsome prince** y la **pretty girl** vivieron en el castillo **happy** para siempre.